Liebe Eltern, willkommen zu einer außergewöhnlichen Reise durch die Welt des Fußballs!

Bevor Sie und Ihre jungen Fußballfans sich in dieses Abenteuer stürzen, möchten wir, das Autorenteam und Goalie, unser begeistertes Fußball-Maskottchen, Ihnen für die Wahl unseres Buches danken. Wir haben dieses Buch mit Liebe, Sorgfalt und der Hoffnung geschrieben, dass es nicht nur Wissen und Freude über den Fußball vermittelt, sondern auch inspirierende Momente für Ihre Kinder schafft.

Ihre Meinung ist uns unendlich wichtig!

Nachdem Sie gemeinsam mit Ihren Kindern die Seiten voller Abenteuer, Rätsel und Geschichten erlebt haben, laden wir Sie herzlich ein, Ihre Erfahrungen mit uns zu teilen. Eine Rezension von Ihnen wäre für uns nicht nur eine große Freude, sondern auch ein unschätzbares Geschenk. Sie hilft uns zu verstehen, was Ihnen und Ihren Kindern am meisten gefallen hat, und zeigt uns, wie wir zukünftige Bücher noch besser gestalten können.

So können Sie eine Rezension hinterlassen:

Scannen Sie diesen Code mit ihrem Smartphone oder gehe Sie auf www.amazon.de/ryp

Ihr Feedback ebnet den Weg für zukünftige Abenteuer und hilft uns, noch mehr Herzen mit der Liebe zum Fußball zu erreichen. Lassen Sie uns zusammen die Leidenschaft für Fußball weitergeben!

Mit herzlichen Grüßen,

Ihr Autorenteam und Goalie, das Fußball-Maskottchen

Anpfiff! Das große Abenteuer beginnt

Aufwärmen

Erste Halbzeit

Zweite Halbzeit

Nachspielzeit

Hey, ich bin Goalie!

Stellt euch vor, ein Fußball könnte sprechen, fühlen und sogar euer Freund sein – das bin ich! Euer superspaßiger Kumpel für die Fußball-Europameisterschaft 2024. Mit mir werdet ihr keine einzige spannende Sekunde verpassen!

Was ich total cool finde:

Mega spannende Matches, bei denen jeder mitfiebert. Die unglaubliche Stimmung im Stadion, wenn die Fans jubeln, Geschichten austauschen und neue Freundschaften schließen

Meine Supermission:

Ich will euch zeigen, wie magisch Fußball sein kann, euch mit Insider-Infos zu den Spielen versorgen und euch dazu bringen, selbst aktiv zu werden. Ob ihr nun draußen kicken, eure Lieblingsteams anfeuern oder einfach mehr über den Fußball lernen wollt – ich bin für euch da!

Bist du bereit, mit mir auf ein unvergessliches Abenteuer zu gehen? Schnapp dir deine Fußballschuhe und dein Fan-Trikot – es ist Zeit, zusammen die EM 2024 zu entdecken!

Ich freue mich riesig auf das Abenteuer mit dir!

Wie heißt du ?

....

Wie alt bist du?

....

Welche Mannschaft feuerst du an?

....

Willkommen zum großen, bunten Fußballfest der Europameisterschaft!

Stellt euch vor, ihr seid mitten in einem riesigen, farbenfrohen Fußballplatz, der leuchtet wie ein Regenbogen! Hier, bei der Fußball-Europameisterschaft, versammeln sich die besten Teams aus ganz Europa, jedes stolz in Trikots, die so bunt und einzigartig sind wie die Farben in einem Malset. Doch dieses Fest ist viel mehr als nur ein Turnier; es ist eine Feier der Freundschaft, der Vielfalt und der Liebe zum Fußball, die alle Grenzen überwindet.

Die EM, ein Fest des Sports, das alle vier Jahre die Herzen der Fans höherschlagen lässt, ist nicht nur ein Kampf um den begehrten Henri-Delaunay-Pokal, benannt nach einer wahren Fußballlegende. Seit dem ersten Turnier im Jahr 1960 hat jede Europameisterschaft ihre eigenen Helden hervorgebracht, die unvergesslich in der Geschichte des Fußballs verewigt sind.

Von den geschickten Dribblern Spaniens bis zu den unüberwindbaren Verteidigern Deutschlands, jedes teilnehmende Land bringt sein eigenes Flair, seine eigene Taktik und seine eigenen Träume mit in das Turnier. Und ihr, die Fans, seid das wahre Herz dieser Veranstaltung. Mit euren Gesängen, Anfeuerungsrufen und leidenschaftlichen Debatten bringt ihr die Stadien zum Beben und füllt die Luft mit Freude, egal ob ihr live vor Ort seid oder zu Hause mitfiebert.

In diesem Buch laden wir euch ein, die Europameisterschaft 2024 von allen Seiten zu entdecken. Wir nehmen euch mit hinter die Kulissen, zeigen euch, wie sich die Spieler auf die Spiele vorbereiten, was es bedeutet, ein Tor zu schießen, und natürlich dürfen auch Spiele und Rätsel für euch nicht fehlen. Es erwartet euch eine Reise voll spannender Spiele, unglaublicher Tore und Momente, die für immer in Erinnerung bleiben werden.

Also, schnappt euch euren Fußball, wählt eure Lieblingsmannschaft und macht euch bereit, Teil dieses aufregenden Abenteuers zu sein. Lasst uns gemeinsam in die Welt der Europameisterschaft eintauchen und den Ball ins Rollen bringen! Seid ihr bereit, die Magie, die Leidenschaft und die unvergesslichen Geschichten der EM 2024 zu erleben?

Dann auf geht's zum großen Fußballfest!

Termin-Ablauf bei der EM 2024 in Deutschland
Turnierbeginn: 14. Juni 2024
Das erste Spiel des Turniers:
Deutschland gegen Schottland in der Allianz Arena in München
Gruppenphase: 14. Juni 2024 bis 26. Juni 2024
Achtelfinale: 29. Juni 2024 bis 2. Juli 2024
Viertelfinale: 5. bis 6. Juli 2024
Halbfinale: 9. bis 10. Juli 2024
Finale: 14. Juli 2024

Ich habe meinen Taschenrechner gerade nicht dabei, kannst du mir sagen, wie lange die EM in Tagen dauert?

....

Vom Anpfiff zum Abpfiff - Entdecke, wie ein Fußballspiel abläuft!

Habt ihr euch je gefragt, was genau während eines Fußballspiels passiert, von dem Moment, in dem der Schiedsrichter das Spiel startet, bis zu dem Punkt, an dem er es beendet? Hier ist eure Chance, alles von Anfang bis Ende zu verstehen!

1. Der Anpfiff

Alles beginnt mit dem Anpfiff. Zwei Teams, bestehend aus 11 Spielern inklusive des Torwarts, stehen bereit. Ein Spieler spielt den Ball mit dem Fuß vom Mittelpunkt des Spielfelds aus ins Spiel, und das Abenteuer beginnt!

2. Das Spielziel

Das Ziel ist simpel: Versuche, den Ball ins gegnerische Tor zu befördern, um ein Tor zu erzielen. Das Team, das am Ende des Spiels die meisten Tore erzielt hat, gewinnt. Klingt einfach, oder? Aber da gibt es ein paar Regeln, die man beachten muss.

3. Die Spielzeit

Ein Standard-Fußballspiel dauert 90 Minuten und ist in zwei Halbzeiten von je 45 Minuten unterteilt. Manchmal gibt es zusätzliche Minuten, die "Nachspielzeit" genannt werden, um verlorene Zeit auszugleichen. Und wenn es ein Turnierspiel ist, das unentschieden endet, gibt es möglicherweise eine Verlängerung oder sogar ein Elfmeterschießen!

4. Der Schiedsrichter

Der Schiedsrichter ist der Boss auf dem Spielfeld. Er achtet darauf, dass sich alle an die Regeln halten, und entscheidet über Tore,

Fouls und alles andere. Er hat Assistenten (Linienrichter) an den Seiten, die ihm helfen, besonders bei Abseitsentscheidungen.

5. Nach dem Spiel

Nach 90 Minuten (plus Nachspielzeit) pfeift der Schiedsrichter das Spiel ab. Die Spieler klatschen sich ab, bedanken sich bei den Fans und besprechen das Spiel mit ihren Trainern und Teamkollegen. Und dann? Dann bereiten sie sich auf ihr nächstes Fußballabenteuer vor!

Und da habt ihr es, Freunde! So läuft ein Fußballspiel ab, voller Action, Strategie und Spaß. Jedes Spiel ist eine neue Geschichte, die darauf wartet, erzählt zu werden. Also, haltet eure Augen offen und feuert eure Lieblingsteams an! Wer weiß, vielleicht werdet ihr eines Tages selbst auf dem Feld stehen.

"Wusstet ihr, dass beim allerersten Fußballspiel der Ball einfach in der Mitte des Spielfelds platziert wurde und alle Spieler gleichzeitig darauf zustürmten? Stellt euch das Chaos vor!"

"Wie nennt man es, wenn nach der regulären Spielzeit noch nicht Schluss ist, weil es unentschieden steht?"

A) Pause

B) Verlängerung

C) Nachsitzen

Die Geschichte der Europameisterschaft: Wichtige Momente und legendäre Spiele

Hallo, Fußballentdecker! Habt ihr Lust auf eine Zeitreise? Dann schnallt euch an, denn wir tauchen in die spannende Geschichte der Fußball-Europameisterschaft ein. Seit 1960 treffen sich Europas beste Fußballteams, um herauszufinden, wer der Champion des Kontinents wird. Hier sind einige der unvergesslichsten Momente und Spiele, die Fans auf der ganzen Welt begeistert haben.

1960: Die erste Europameisterschaft

Unsere Reise beginnt im Jahr 1960 in Frankreich, wo die erste Europameisterschaft stattfand. Damals hieß das Turnier noch „Europapokal der Nationen“. Die Sowjetunion gewann das Finale gegen Jugoslawien mit 2:1 nach Verlängerung. Stellt euch vor, wie stolz die Spieler gewesen sein müssen, den allerersten Pokal in die Höhe zu heben!

1972: Der erste Titel für Deutschland

Im Jahr 1972 gewann Deutschland zum ersten Mal die Fußball-Europameisterschaft. Sie spielten wie Superhelden und besiegten im großen Finale die Sowjetunion. Es war ein spannendes Spiel, bei dem Deutschland zeigte, dass sie die besten Fußballspieler waren. Mit diesem 3:0 Sieg wurden sie Europameister und machten alle in Deutschland super glücklich!

1984: Platini's Frankreich triumphiert

1984 war das Jahr von Michel Platini, der Frankreich zum Sieg führte. Platini erzielte unglaubliche neun Tore im Turnier, darunter zwei Hattricks. Frankreich gewann das Finale gegen Spanien und sicherte sich den Titel auf heimischem Boden.

1992: Dänemarks Märchen

1992 schrieb Dänemark Fußballgeschichte, indem es das Turnier gewann, obwohl es ursprünglich nicht qualifiziert war. Die Dänen rückten nach, als Jugoslawien disqualifiziert wurde, und zogen sensationell ins Finale ein, wo sie Deutschland besiegten. Ein echtes Fußballmärchen!

2004: Griechenlands Überraschungssieg

Vielleicht eines der größten Fußballwunder geschah 2004 in Portugal, als Griechenland, das als Außenseiter galt, den Titel gewann. Sie besiegten Gastgeber Portugal im Finale mit 1:0. Dieser Sieg zeigte, dass im Fußball alles möglich ist.

2008 & 2012: Spaniens goldene Generation

Spanien dominierte die Europameisterschaften 2008 und 2012 mit einem spektakulären Tiki-Taka-Fußball. Sie gewannen beide Turniere und wurden damit zur ersten Mannschaft, die den EM-Titel erfolgreich verteidigte. Spieler wie Xavi, Iniesta und Torres wurden zu Legenden.

Tiki-Taka ist, wenn Fußballer den Ball schnell hin und her passen, fast wie ein Tanz, um gemeinsam Tore zu erzielen.

2016: Portugals erster Titel

2016 in Frankreich gewann Portugal seinen ersten großen internationalen Titel. Das Finale gegen Frankreich wurde in der Verlängerung entschieden, als Eder für Portugal das einzige Tor schoss. Cristiano Ronaldo, Portugals Star, musste verletzt vom Feld, feuerte aber sein Team vom Spielfeldrand zum Sieg an.

2020: Ein Turnier wie kein anderes

Ursprünglich für 2020 geplant, wurde die EM aufgrund der globalen Pandemie auf 2021 verschoben. Es war das erste Mal, dass das Turnier in ganz Europa ausgetragen wurde, mit 11 Gastgeberstädten. Italien gewann das Finale gegen England im Elfmeterschießen und krönte sich zum Champion.

Jedes dieser Turniere hat seine eigenen Helden und Geschichten, die uns zeigen, dass im Fußball Träume wahr werden können. Egal, ob du ein Fan der spannenden Taktiken, der emotionalen Siege oder der unerwarteten Wendungen bist, die Europameisterschaft hat für jeden etwas zu bieten. Jetzt, wo ihr mehr über die Geschichte wisst, seid ihr bereit, die nächste EM mit noch mehr Begeisterung zu erleben!

"Spanien spielte Tiki-Taka, als ob der Ball an ihren Füßen klebte. Wie macht man das bloß?"

"Mit welchem berühmten Fußballspieler würdet ihr gerne mal eine Runde Tiki-Taka spielen?"

...

Und da habt ihr es, Freunde! Unsere Reise durch die Geschichte der EM ist zu Ende. Ich hoffe, ihr hattet so viel Spaß wie ich und seid nun bereit, die nächsten Kapitel der EM zu erkunden. Wer weiß, vielleicht sind einige von euch die zukünftigen Stars, über die wir eines Tages sprechen werden!

Trainingstag: Wie sich Profis auf die EM vorbereiten

Hallo, junge Fußballfans! Habt ihr euch je gefragt, was Profifußballer machen, um sich auf ein so großes Turnier wie die Fußball-Europameisterschaft vorzubereiten? Ihr Trainingstag sieht ganz anders aus als der Schul- oder Trainingstag, den ihr kennt. Kommt mit auf eine Entdeckungsreise, um herauszufinden, wie ein Trainingstag eines Profis aussieht!

"Was meint ihr, welches Frühstück ein Fußballprofi wählt, um energiegeladen in den Tag zu starten?"

A) Pfannkuchen mit Schokolade
B) Müsli mit Obst
C) Ein riesiger Schokoriegel?

Aufwachen wie ein Champion

Der Tag eines Profifußballers beginnt früh. Stellt euch vor, ihr wacht auf, und das erste, woran ihr denkt, ist Fußball. Ein gesundes Frühstück ist der erste Schritt – Müsli, Obst und vielleicht ein bisschen Joghurt. Profis müssen darauf achten, was sie essen, denn ihr Körper ist ihr Werkzeug.

Morgen-Training

Das Morgen-Training kann alles Mögliche beinhalten: von leichten Aufwärmübungen bis hin zu spezifischen Technik- und Taktiktrainings. Wie wäre es, wenn ihr Pässe, Dribblings oder sogar Freistöße übt, während die Sonne aufgeht. Manchmal spielen sie auch kleine Spiele, um das Zusammenspiel im Team zu verbessern.

"Manche Profis üben so viele Freistöße, dass sie im Schlaf Tore schießen könnten! Stellt euch vor, ihr könntet im Traum Fußball spielen und gewinnen!"

Analyse und Theorie

Fußball ist nicht nur körperliche Arbeit. Profis verbringen auch Zeit damit, Spielzüge und Taktiken zu lernen. Sie schauen sich Videos von Spielen an, analysieren ihre Gegner und besprechen Strategien mit ihren Trainern. Es ist wie in der Schule, nur dass ihr Lehrbuch voller Fußballstrategien ist!

Mittagspause und Erholung

Nach dem Vormittagstraining gibt es eine wohlverdiente Pause. Profis essen eine ausgewogene Mahlzeit, um ihre Energie wieder aufzufüllen. Danach ruhen sie sich ein bisschen aus, vielleicht mit einem kurzen Mittagsschlaf oder einer leichten Entspannungsübung, um ihren Körper zu regenerieren.

"Welche Entspannungsmethode würdet ihr nach einem anstrengenden Training bevorzugen?"

A) Ein Nickerchen
B) Musik hören
C) Ein spannendes Buch lesen

Nachmittagstraining

Am Nachmittag geht es zurück auf den Platz. Das Training kann intensiver werden, mit längeren Spielen, die die Ausdauer und die Fähigkeit, unter Druck zu spielen, testen. Manchmal arbeiten Spieler auch individuell an ihren Schwächen oder verbringen Zeit im Fitnessstudio, um ihre Kraft zu stärken.

Physiotherapie und Regeneration

Nach einem langen Tag voller Training kümmern sich Profis um ihren Körper mit Physiotherapie oder einem Besuch im Wellnessbereich. Massagen, Eisbäder oder spezielle Übungen helfen, Muskelschmerzen zu lindern und die Erholung zu fördern.

"Nach dem Training springen manche Spieler in Eisbäder. Brrr! Das ist wie ein Sprung in einen eiskalten See – erfrischend und ein bisschen verrückt!"

Abendessen und Freizeit

Zum Tagesende gibt es ein nahrhaftes Abendessen, und dann haben die Spieler etwas Freizeit. Einige lesen, andere hören Musik oder spielen Videospiele. Es ist wichtig, auch mal abzuschalten und Spaß zu haben, um im Kopf frisch zu bleiben.

Schlafenszeit

Ein guter Schlaf ist unerlässlich für die Regeneration, deshalb gehen Profis früh ins Bett. Sie wissen, dass ein ausgeruhter Körper und Geist entscheidend sind, um am nächsten Tag wieder Vollgas geben zu können.

"Ein Geheimnis: Guter Schlaf ist das Superkraftelixier der Profis. Träumt süß, zukünftige Fußballhelden!"

Das Spielfeld erkunden - Ein Rundgang durch die Stadien

Bist du bereit, spannende Infos über die Stadien der Fußball-Europameisterschaft 2024 in Deutschland zu erfahren? Dann schnür deine Fußballschuhe und los geht's!

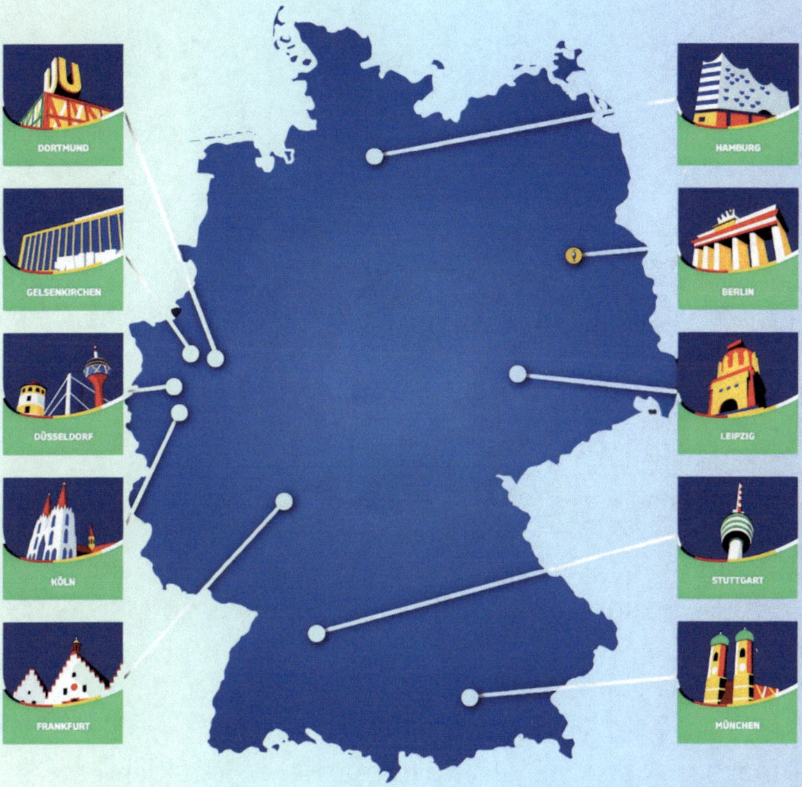

Kannst du mir sagen welche dieser Städte ein eigenes Bundesland sind?

....

....

Olympiastadion in Berlin

Stellt euch vor, das Berliner Olympiastadion ist wie ein großes, altes Schloss, das schon seit über 80 Jahren steht. Weil es so besonders und alt ist, muss man ganz vorsichtig sein, wenn man etwas daran ändern will – fast so, als ob man ein altes Dinosaurierfossil ausgräbt!

Baujahr:
1936

Kapazität:
74.475 Zuschauer

Verein:
Hertha BSC Berlin

EM-Spiele:
6

Als das Stadion für die Olympischen Spiele 1936 gebaut wurde, hat man riesige Steine benutzt, die jetzt unter dem Schutz des Denkmalschutzes stehen. Das bedeutet, sie sind so wertvoll wie Schätze! Beim Umbau zwischen 2000 und 2004 mussten die Bauleute fast wie Schatzsucher die alten Steine ganz sorgfältig saubermachen, ohne sie kaputt zu machen. Sie haben es geschafft, fast das ganze Stadion so zu erhalten, wie es früher war – wie cool ist das denn? Und wisst ihr was? Die Laufbahn im Stadion, wo Sportler rennen, ist blau statt rot. Das war eine besondere Idee vom Fußballteam Hertha BSC. Einige Leute dachten, dass vielleicht Vögel denken könnten, das Blau wäre Wasser und im Stadion landen würden, aber das ist nie passiert. Die Vögel wussten wohl, dass es nur eine bunte Bahn ist!

Signal Iduna Park Dortmund

In Dortmund gibt es eine riesige, gelbe Zauberwand, die so groß und mächtig ist wie ein Berg aus purem Fußballzauber! Diese Wand ist 100 Meter breit, 40 Meter hoch und so steil, dass sie euch an eine Skisprungschanze erinnern könnte. Das ist die Südtribüne im Signal Iduna Park, auch bekannt als die Heimat der "Gelben Wand". Sie ist nicht nur beeindruckend groß, sondern bietet auch Platz für 24.454 Fans, die dort stehend ihr Team anfeuern können. Damit ist sie die größte Stehplatztribüne in ganz Europa!

Baujahr:
1974

Kapazität:
81.365 Zuschauer

Verein:
Borussia Dortmund

EM-Spiele:
6

Wenn ein Spiel im Signal Iduna Park stattfindet, kommen mehr als 80.000 Zuschauer zusammen, was Borussia Dortmund zum Club mit dem höchsten Zuschauerschnitt weltweit macht. Wow, oder? Das erste Mal, dass dieses Stadion seine Tore öffnete, war am 2. April 1974. Damals spielte Borussia Dortmund gegen den FC Schalke 04. Aber haltet euch fest: Das allererste Bundesliga-Spiel in diesem Stadion war etwas ganz Besonderes, denn Borussia Dortmund war gar nicht beteiligt. Stattdessen spielte der VfL Bochum gegen den FC Schalke 04, weil der VfL Bochum eine neue Heimat brauchte, während sein eigenes Stadion umgebaut wurde. Könnt ihr euch vorstellen, wie es ist, Teil dieser riesigen, jubelnden Menge zu sein, umgeben von der kraftvollen Energie der "Gelben Wand"?

Volksparkstadion Hamburg

Denk mal an das pulsierende Herz eines gigantischen Fußballtempels - das Volksparkstadion in Hamburg, ein Ort echter Fußballmagie! Im Jahr 1998 startete ein großes Abenteuer: Das Stadion, das damals auch eine Laufbahn für Leichtathleten hatte, sollte komplett umgebaut werden, während die Spiele weiterliefen.

Baujahr:
1953

Kapazität:
57.000 Zuschauer

Verein:
Hamburger SV

EM-Spiele:
5

Der Architekt Manfred O. Steuerwald hatte eine geniale Idee: Er drehte den Rasen einfach um 90 Grad! Stellt euch vor, ihr dreht euer Fußballspiel einfach auf dem Spielfeld um, so dass das Tor jetzt da ist, wo vorher die Seitenlinie war. Die Fans des Hamburger SV, die früher immer in der Westkurve standen und gejubelt haben, mussten deswegen auf die Nordtribüne umziehen. Das war wie ein großer Umzugstag, aber für Fußballfans! Als der Umbau im Sommer 2000 fertig war, wurde die Hamburger Arena zu einem der modernsten Stadien in ganz Deutschland. Und wisst ihr was? Vor der Weltmeisterschaft 2006 haben viele andere Clubs nachgezogen und ihre Stadien auch modernisiert oder ganz neu gebaut. Aber Hamburg war einer der Vorreiter mit seinem Fußballzauberschloss!

Merkur Spiel-Arena Düsseldorf

Ein majestätisches Fußballschloss in Düsseldorf, errichtet um selbst eine der größten Fußballfeiern der Welt, die WM 2006, zu beherbergen. Doch am Ende fand die Party ohne dieses Schloss statt. Aber das Schloss, auch bekannt als Stadion, hat ein paar coole Tricks auf Lager: Es hat ein Dach, das man zumachen kann, wenn es regnet oder zu kalt ist, und eine magische Heizung, die es drinnen schön warm hält, selbst wenn es draußen eiskalt ist.

Baujahr:
2004

Kapazität:
54.600 Zuschauer

Verein:
Fortuna Düsseldorf

EM-Spiele:
5

Beim allerersten Fußballspiel in diesem zauberhaften Schloss kamen so viele Menschen, dass ein neuer Rekord aufgestellt wurde. Stellt euch vor, 38.123 Fans kamen zusammen, um zu sehen, wie Fortuna Düsseldorf gegen den 1. FC Union Berlin gewinnt. Seitdem hat Fortuna Düsseldorf fast alle seine Heimspiele dort gespielt. Und wisst ihr was? Manchmal, wenn andere Teams wie Bayer Leverkusen oder der KFC Uerdingen ein neues Zuhause brauchten, weil ihr eigenes gerade umgebaut wurde, durften sie im Düsseldorfer Fußballschloss spielen. Das ist wie wenn man Freunden erlaubt, bei sich zu übernachten, wenn sie es brauchen.

Rheinenergie Stadion Köln

Eröffnet wurde dieser Zauberort schon im Jahr 1923, dank eines Mannes namens Konrad Adenauer. Damals war dieser Park der größte Sportplatz in ganz Deutschland, wo man spannende Spiele und Wettkämpfe erleben konnte.

Baujahr:
2004

Kapazität:
50.000 Zuschauer

Verein:
1. FC Köln

EM-Spiele:
5

Aber wisst ihr was? Als man beschloss, das Stadion in den 1970er Jahren neu zu bauen, musste der 1. FC Köln, ein Fußballteam, seine Spiele auf einer Radrennbahn spielen. Wie verrückt ist das denn? Fußball zwischen Fahrradrennbahnen! Nach ein paar Abenteuern und einer Bauzeit von 30 Monaten, während die Spiele weiterliefen, wurde das neue Stadion im Jahr 2004 fertig. Das Coolste am heutigen RheinEnergie Stadion sind die leuchtenden Türme an den Ecken. Seit 2016 können diese Türme in allen möglichen Farben leuchten, dank einer Technik namens LED. Bei Heimspielen des 1. FC Köln leuchten sie in Rot und Weiß, den Farben des Teams. Diese Türme leuchten wie riesige Leuchtfeuer in der Nacht, um allen zu zeigen, wo das nächste große Spiel stattfindet!

Allianz Arena München

Stellt euch ein riesiges, leuchtendes Raumschiff vor, das mitten in München gelandet ist – das ist die Allianz Arena! Die Außenhaut des Stadions ist mit 2.760 riesigen Luftkissen bedeckt, die wie magische Kissen leuchten können. Früher konnten diese Kissen nur in drei Farben leuchten – blau, weiß und rot. Aber wisst ihr was? Im Sommer 2014 haben clevere Leute diese Kissen mit einer besonderen LED-Technik ausgestattet, und jetzt können sie in allen Farben des Regenbogens schimmern!

Baujahr:
2005

Kapazität:
75.024 Zuschauer

Verein:
Bayern München

EM-Spiele:
6

Sie haben über 300.000 kleine Lichter, LEDs genannt, auf einer Fläche so groß wie vier Fußballfelder verteilt. Das Licht ist so stark, dass man es sogar von Berggipfeln aus sehen kann, die 75 Kilometer weit weg sind und drinnen im Stadion gibt es auch supercoole Technik. In einem Teil des Stadions gibt es geheime Sitze, die im Boden verschwinden können, wenn sie nicht gebraucht werden – wie in einem Spionagefilm und unter dem Stadion gibt es das größte Parkhaus aller Fußballstadien in Europa, groß genug für fast 10.000 Autos.

Red Bull Arena Leipzig

In Leipzig gibt es einen ganz besonderen Platz, wo früher das alte Zentralstadion war. Jetzt steht dort die Red Bull Arena, ein riesiges Fußballstadion aus Beton und Stahl, das schon seit der Fußball-Weltmeisterschaft 2006 da ist. Seit 2010 trägt es den Namen eines bekannten Getränks. In ihrer ersten Saison in der Bundesliga, also im Jahr 2016/17, war RB Leipzigs Heimatstadion fast wie eine Superhelden-Festung! Fast kein anderes Team konnte hier gewinnen; RB Leipzig hat fast immer gewonnen oder unentschieden gespielt.

Baujahr:
2004

Kapazität:
42.558 Zuschauer

Verein:
Red Bull Leipzig

EM-Spiele:
4

Und wisst ihr, was noch total cool ist? In der Red Bull Arena gibt es Platz für fast 43.000 Fans – das ist so, als ob eine kleine Stadt voller Fußballfans zusammenkommt! Egal, wo man sitzt, man bleibt immer trocken, selbst wenn es regnet, weil das ganze Stadion überdacht ist. Wie wäre es wenn ihr mitten in dieser riesigen Menge seid, jubelt für eure Mannschaft, und fühlt euch wie in einem Abenteuerfilm, nur dass es hier um Fußball geht und nicht um Ritter!

MHP Arena Stuttgart

Stellt euch vor, ihr habt ein altes Schloss, das schon seit 1933 steht. Aber dieses Schloss ist kein gewöhnliches Schloss – es ist ein Fußballstadion in Stuttgart! Über die Jahre wurde dieses Schloss nicht nur einmal, sondern sieben Mal umgebaut und verändert. Es ist, als ob das Schloss immer wieder neue Zauberräume und Geheimgänge bekommt.

Baujahr:
1933

Kapazität:
60.449 Zuschauer

Verein:
Red Bull Leipzig

EM-Spiele:
4

Bei der Fußballweltmeisterschaft 2006 war dieses Schloss einer der aufregendsten Orte überhaupt, mit Spielen, die Fußballherzen höher schlagen ließen, einschließlich des berühmten Spiels um Platz 3 zwischen Deutschland und Portugal. Extra für die EM 2024, wird das Stadion noch einmal modernisiert. Stellt euch vor, wie die Handwerker und Zauberer (auch bekannt als Architekten und Ingenieure) daran arbeiten, das Schloss noch magischer zu machen, damit es bereit ist für das nächste große Fußballfest. Das ist wie eine immer weitergehende Geschichte, in der das Schloss immer prächtiger und spannender wird!

Deutsche Bank Park Frankfurt

An einem geheimnisvollen Ort in Frankfurt erhebt sich ein Stadion, das wie ein Phönix bereits viermal aus seiner Asche auferstanden ist. Das allererste Waldstadion öffnete seine Tore im Mai 1925. Es war ein magischer Ort, wo die Fans ihre Mannschaften anfeuern konnten.

Baujahr:
2005

Kapazität:
58.000 Zuschauer

Verein:
Eintracht Frankfurt

EM-Spiele:
5

Hier haben schon viele berühmte Fußballspiele stattgefunden, sogar Spiele der Weltmeisterschaft 2006! Spieler aus aller Welt haben hier um den Sieg gekämpft, während die Fans auf den Rängen laut gejubelt haben. Aber der Deutsche Bank Park ist nicht nur für Fußball da. Er hat sich verwandelt und wurde moderner gemacht, mit mehr Platz für Fans und sogar einem Dach, damit Spiele bei jedem Wetter stattfinden können. Es ist, als ob das Stadion einen unsichtbaren Regenschirm hat!

Veltins Arena Gelsenkirchen

Im Stadion des FC Schalke 04 hängt ein riesiger Zauberkubus, der alles zeigt, was im Spiel passiert – und dieser Kubus ist der größte Videowürfel in ganz Europa! Über 305 Quadratmeter groß ist diese magische Bildfläche, die seit dem Sommer 2016 über dem Spielfeld schwebt. Das ist mehr als doppelt so groß wie sein Vorgänger und eine echte Augenweide für alle Fans.

Baujahr:
2001

Kapazität:
62.271 Zuschauer

Verein:
Schalke 04

EM-Spiele:
4

Aber das ist noch nicht alles, was die Veltins-Arena zu etwas ganz Besonderem macht. Der Weg der Spieler aufs Feld ist wie eine Reise in die Vergangenheit: Sie laufen durch einen Tunnel, der wie ein Kohle-Stollen aussieht. Das erinnert daran, dass Schalke in einer Region liegt, in der früher viele Bergarbeiter gelebt haben. So fühlen sich die Spieler wie echte Helden, die aus der Tiefe eines Bergwerks kommen, bereit, ihr Bestes auf dem Spielfeld zu geben.

"Wisst ihr, was ein Fußballfan gesagt hat, als er den riesigen Zauberkubus im Stadion des FC Schalke 04 sah? 'Ich brauche nie wieder einen Fernseher – ich schaue jetzt alle Spiele hier!'

Die teilnehmenden Mannschaften

24 Mannschaften nehmen an der Europameisterschaft 2024 teil. Inklusive Gastgeber Deutschland haben sich bereits 21 Teams qualifiziert. Bisher stehen folgende Teilnehmer fest:

Deutschland (Gastgeber)

Albanien
Belgien
Dänemark
England
Frankreich
Italien
Kroatien
Niederlande
Österreich
Portugal
Rumänien
Schottland
Schweiz
Serbien
Slowakei
Slowenien
Spanien
Tschechien
Türkei
Ungarn

Wusstest du, dass sich noch 3 Mannschaften qualifizieren können? Aber dazu kommen wir gleich.

Alle Gruppen

Gruppe A

- Deutschland
- Schottland
- Ungarn
- Schweiz

Gruppe B

- Spanien
- Kroatien
- Italien
- Albanien

Gruppe C

- Slowenien
- Dänemark
- Serbien
- England

Gruppe D

- Niederlande
- Österreich
- Frankreich
- ? Wales
- ? Finnland
- ? Polen
- ? Estland

Gruppe E

- Belgien
- Slowakei
- Rumänien
- ? Bosnien-Herzegowina
- ? Ukraine
- ? Israel
- ? Island

Gruppe F

- Portugal
- Tschechien
- Türkei
- ? Georgien
- ? Luxemburg
- ? Griechenland
- ? Kasachstan

Die entscheidenden Duelle: Die Magie der Play-Offs

Stellt euch vor, wir haben ein großes Fußballturnier, die Europameisterschaft 2024, und bevor es richtig losgeht, gibt es ein spannendes Mini- Turnier, um herauszufinden, welche drei Teams noch mitmachen dürfen. Das ist wie eine Schatzsuche, bei der die letzten drei Schätze gefunden werden müssen, um zur großen Schatzkiste zu gelangen!

Am 21. und 26. März 2024 treffen 12 Nationen in einem besonderen Abenteuer aufeinander, das wir Play-offs nennen. Diese Teams spielen in drei Gruppen, und nur die Sieger der Gruppen bekommen die letzten drei Tickets zur Europameisterschaft.

Wie funktioniert das?

Am 21. März gibt es sechs spannende Duelle, die wir Halbfinals nennen. Die Gewinner dieser Spiele ziehen in die Endspiele ein.

Am 26. März finden dann die drei Endspiele statt. Die Teams, die hier gewinnen, dürfen zur Europameisterschaft.

Wer spielt gegen wen?

In Gruppe A kämpfen Polen, Estland, Wales und Finnland um ein Ticket.

In Gruppe B messen sich Israel, Island, Bosnien und Herzegowina sowie die Ukraine.

Und in Gruppe C spielen Georgien, Luxemburg, Griechenland und Kasachstan gegeneinander.

Was passiert, wenn sie unentschieden spielen?

Wenn die Teams nach der normalen Spielzeit gleichauf sind, gibt es eine Verlängerung und wenn nötig, ein Elfmeterschießen, um den Sieger zu bestimmen.

Und dann?

Die Sieger der Play-offs wissen schon, gegen wen sie in der Gruppenphase der Europameisterschaft 2024 spielen werden. Zum Beispiel trifft der Sieger von Gruppe A auf die Niederlande, Österreich und Frankreich.

Wie wurden diese Teams ausgewählt?

Sie wurden basierend auf ihren Leistungen in der Nations League ausgesucht. Wenn schon qualifizierte Teams dabei waren, rückten andere nach.

Ist das neu?

Nicht wirklich. Schon bei sechs der letzten sieben Europameisterschaften gab es Play-offs. Aber das Format, wie wir es jetzt kennen, gibt es erst seit der Europameisterschaft 2020.

Stellt euch vor, ihr seid Detektive, die herausfinden müssen, welche Teams die letzten Hinweise finden, um zur großen Party eingeladen zu werden. Jedes Spiel ist wie ein Rätsel, das gelöst werden muss, und am Ende winkt eine Einladung zum großen Fußballfest!

Halbfinale (21. März)

Polen - Estland, Wales - Finnland
Israel - Island, Bosnien und Herzegowina - Ukraine
Georgien - Luxemburg, Griechenland - Kasachstan

Endspiele (26. März)

Wales/Finnland - Polen/Estland

Bosnien und Herzegowina/Ukraine - Israel/Island

Georgien/Luxemburg - Griechenland/Kasachstan

Was meinst du welche drei Mannschaften sich für die EM qualifizieren? (vor dem 26.03.2024 auszufüllen)

....

Welche drei Mannschaften haben es geschafft sich für die EM zu qualifizieren? (nach dem 26.03.2024 auszufüllen)

....

Werkzeugkasten auf zwei Beinen: Die Welt der Schiedsrichter

Hallo, ich bin wieder da, Goalie, euer fußballbegeisterter Freund! Heute schauen wir uns die Superhelden des Fußballspiels an – nein, nicht die Spieler, sondern die Schiedsrichter! Begleitet mich auf dieser spannenden Entdeckungsreise.

Schiedsrichter tragen mehr als nur eine Pfeife. Sie haben auch eine gelbe und eine rote Karte, eine Uhr, um die Spielzeit zu messen, und manchmal sogar ein Spray, um zu markieren, wo Freistöße ausgeführt werden sollen.

Farbenfrohe Outfits: Habt ihr euch schon mal gefragt, warum Schiedsrichter oft in grellen Farben gekleidet sind? Das liegt daran, dass sie sich von den Spielern beider Teams deutlich abheben müssen, damit sie leicht zu erkennen sind.

"Mit ihren grellen Outfits könnten Schiedsrichter glatt als Leuchttürme durchgehen, findet ihr nicht auch?"

Fitness-Freaks: Schiedsrichter müssen super fit sein! Während eines Spiels laufen sie oft fast so viel wie die Spieler selbst, manchmal bis zu 12 Kilometer.

Spielentscheider: Ein Schiedsrichter kann ein Spiel mit seinen Entscheidungen stark beeinflussen. Ein falsch gepfiffener Elfmeter oder eine übersehene Abseitsstellung kann über Sieg oder Niederlage entscheiden.

"Was denkt ihr, ist die schwierigste Entscheidung für einen Schiedsrichter?

A) Elfmeter pfeifen

B) Ein Tor zurücknehmen

C) Einem Spieler die rote Karte zeigen

Der erste Pfiff: Das erste Fußballspiel, das von einem Schiedsrichter geleitet wurde, fand 1872 statt und war das erste offizielle Länderspiel zwischen Schottland und England. Es fand am 30. November 1872 statt. Vorher regelten die Spieler Streitigkeiten meist selbst. Das Spiel wurde auf dem West of Scotland Cricket Club in Partick, Schottland, ausgetragen. Das Ergebnis dieses historischen Spiels war ein 0:0-Unentschieden. Dieses Spiel markierte einen wichtigen Meilenstein in der Geschichte des Fußballs, da es den Beginn der modernen Regelung und Schiedsrichterführung im Fußball einläutete. Vor dieser Zeit gab es zwar Fußballspiele, aber die Regeln waren oft uneinheitlich und Streitigkeiten wurden, wie erwähnt, in der Regel unter den Spielern selbst geklärt. Sprachkünstler: Bei internationalen Spielen müssen Schiedsrichter oft Englisch sprechen, auch wenn es nicht ihre Muttersprache ist. Manche lernen sogar die Grundlagen anderer Sprachen, um besser mit Spielern kommunizieren zu können.

"Schiedsrichter müssen manchmal wie Zauberer sein, die mit ihren Sprachkenntnissen die Spieler verzaubern. Abrakadabra, versteht ihr mich?"

Der unsichtbare Held: Oft wird gesagt, dass ein Schiedsrichter am besten ist, wenn man ihn während des Spiels kaum bemerkt – das bedeutet, dass er das Spiel fließend und ohne viele Unterbrechungen leitet.

Technische Unterstützung: In den letzten Jahren bekommen Schiedsrichter immer mehr technische Hilfe. Dazu gehört der Videoassistent (VAR), der ihnen hilft, schwierige Entscheidungen zu überprüfen.

"Welches technische Gerät würdet ihr als Schiedsrichter haben wollen?"

A) Ein Jetpack, um schneller zu sein,

B) Eine Zeitmaschine, um Entscheidungen zu überprüfen,

C) Ein Unsichtbarkeitsumhang für heikle Momente

Ein Team für sich: Ein Schiedsrichter ist selten allein. Er wird von zwei Linienrichtern unterstützt, die ihm helfen, Abseitsstellungen und andere Regelverstöße zu erkennen. Bei großen Turnieren gibt es zusätzlich noch Torrichter und den VAR.

"Vergesst nie, Schiedsrichter verdienen unseren Respekt. Ohne sie wäre Fußball wie ein Spiel ohne Regeln – ein ziemliches Durcheinander!"

Regelwerk - Wichtige Fußballregeln einfach erklärt

1. Das Ziel: Torezauber!

Stellt euch vor, ihr seid Magier und euer Zauberstab ist der Fußball. Euer Ziel? Zaubert den Ball ins gegnerische Tor – so oft wie möglich! Aber Vorsicht, der andere Magier (Torwart) versucht, euren Zauber zu stoppen.

2. Die mutigen 11 Ritter

Jedes Team ist wie eine Rittertruppe – 11 mutige Helden, inklusive eines Torwart-Ritters, der magische Handschuhe trägt, um den Ball zu fangen. Nur er darf die magischen Handschuhe ausschließlich im Zauberwald (Strafraum) benutzen.

"Welche magische Fähigkeit wünscht ihr euch als Fußballritter?

A) Unüberwindbare Geschwindigkeit

B) Unsichtbarkeit

C) Unfehlbare Zielgenauigkeit

3. Die magische Kugel – Der Ball

Eure Schatzkugel muss rund sein und genau richtig schwer, nicht zu leicht und nicht zu schwer – perfekt für Fußballzauberer!

4. Die Zeitreise – Spielzeit

Eure Abenteuer dauern 90 Minuten, aufgeteilt in zwei 45-Minuten-Halbzeiten, mit einer kurzen Pause dazwischen, um Getränke zu trinken und Zauberpläne zu schmieden.

"90 Minuten sind wie eine kurze Reise durch die Zeit – genug, um Helden zu werden oder als Legenden in Erinnerung zu bleiben."

5. Der königliche Anstoß

Zu Beginn des Abenteuers und nach jedem erfolgreichen Zaubertrick (Tor) gibt es einen königlichen Anstoß in der Mitte des Königreichs (Spielfeld). Alle Ritter müssen in sicherer Entfernung stehen, bis der Ball berührt wird.

6. Der fliegende Teppich – Einwurf

Wenn der Ball das Spielfeld verlässt, werft ihn über euren Kopf zurück ins Spiel, als würdet ihr einen fliegenden Teppich abwerfen. Beide Füße fest auf der Erde!

**"Einwürfe sind wie der Start eines fliegenden Teppichs.
Werft den Ball so, dass er eure Mitspieler auf ihrer Reise
unterstützt."**

7. Der Schatz am Ende des Regenbogens – Eckstoß und Abstoß

Findet der Ball den Weg über die magische Linie ohne ein Tor zu zaubern, gibt es entweder einen Schatz (Eckstoß) aber nur wenn der Gegner den Ball zuletzt berührt oder eine Chance, von neuem zu beginnen (Abstoß). Dies passiert wenn du den Ball als letzter berührt hast.

8. Der Fluch und die Erlösung – Freistöße und Elfmeter

Wenn ein Ritter sich nicht an die Regeln gehalten hat, kann der Schiedsrichter einen Fluch aussprechen (Freistoß) oder sogar eine Chance für einen heldenhaften Zauber bekommen (Elfmeter).

"Freistöße sind wie Zauberduelle. Nur die geschicktesten Zauberer können den Fluch brechen und ein Tor erzielen."

9. Das unsichtbare Schild – Abseits

Ihr könnt nicht einfach vor dem Torwart lauern, um den Ball zu bekommen. Das unsichtbare Schild (Abseitsregel) verhindert das. Seid clever und trickst es aus!

10. Der weise Zaubermeister – Der Schiedsrichter

Ein weiser Zaubermeister wacht über das Spiel, achtet darauf, dass alle Regeln eingehalten werden, und entscheidet, wer wann zaubern darf. Seine Entscheidung ist so endgültig wie der Zauberspruch eines mächtigen Magiers.

"Der weise Zaubermeister sorgt dafür, dass im Zauberwald Fairness herrscht. Sein Wort ist Gesetz, auch wenn er keinen spitzen Hut trägt!" Vergesst nicht, der mächtigste Zauber im Fußball ist der Lachzauber - spielt fair, habt Spaß und helft euren Mitspielern, auf dass euer Fußballabenteuer das coolste wird!

11. Die unsichtbare Linie – Abseits

Abseits im Fußball kann manchmal ein bisschen knifflig sein, aber ich werde es dir mit einer Geschichte erklären, die es leichter und spaßiger macht zu verstehen.

Stellt euch ein Spiel vor, wo ihr Punkte erzielen könnt, aber es gibt eine besondere Regel, die euch hilft zu wissen, wann ihr punkten dürft. Diese Regel im Fußball nennt man "Abseits".

Hier sind ein paar spielerische Beispiele, um es dir zu erklären:

Beispiel 1: Linien im Sand

Denkt euch, ihr spielt am Strand ein Spiel, wo Linien im Sand gezogen sind. Um ein Tor zu erzielen, müsst ihr den Ball bekommen, während ihr zwischen der letzten Linie und dem Meer steht. Aber es gibt einen Haken: Ihr dürft nicht näher am Meer sein als der vorletzte Gegner, wenn der Ball zu euch gespielt wird. Wenn ihr also vor diesem vorletzten Gegner steht, seid ihr im "Abseits" und das zählt nicht.

Beispiel 2: Fangen

Beim Fangen gibt es eine besondere Zone, die "Torzone". Ihr könnt "gefangen" werden (oder ein Tor schießen), wenn ihr in dieser Zone seid. Aber ihr dürft diese Zone nur betreten, wenn mindestens zwei Gegner (einer davon kann der Torwart sein) zwischen euch und der "Torlinie" stehen. Wenn nur ein Gegner vor euch ist, dann seid ihr zu nah an der "Torlinie" – das ist wie im Abseits zu sein.

Beispiel 3: Schatzsuche in Teams

Ihr sucht in Teams nach einem Schatz und das Ziel ist, den Schatz zu erreichen, ohne vom "Wächter" gesehen zu werden. Der "Wächter" steht vor dem Schatz. Ihr dürft euch dem Schatz nähern, solange mindestens zwei Wächter (einer davon kann der Hauptwächter sein) zwischen euch und dem Schatz sind. Wenn nur ein Wächter dazwischen ist und ihr den Schatz nehmt, dann wart ihr im "Abseits" und es zählt nicht.

Durch diese Beispiele könnt ihr sehen, Abseits im Fußball hilft, das Spiel fair zu machen. Ihr müsst also schlau sein und aufpassen, wo die Gegner stehen, bevor ihr den Ball bekommt, damit ihr punkten könnt!

"Die Abseitsregel ist wie eine geheime Zutat in unserem Lieblingsfußballrezept. Sie macht jedes Spiel zu einem unvergesslichen Abenteuer voller Überraschungen!"

Ich hoffe, diese Geschichten machen die Abseitsregel ein bisschen klarer. Es ist wie eine geheime Zutat, die Fußball so interessant und spaßig macht!

Gruppe A

Deutschland (Gastgeber)

Höchste Niederlage: England 9–0 Deutschland (1909)
Höchster Sieg: Deutschland 16–0 Russische SFSR (1912)
Bester Torschütze: Miroslav Klose (71 Tore)
Trikotfarben: Weiß (Heim), Schwarz (Auswärts)
Star der Mannschaft: Manuel Neuer

Schottland

Höchste Niederlage: Uruguay 7–0 Schottland (1954) Höchster Sieg: Schottland 11–0 Irland (1901)
Bester Torschütze: Kenny Dalglish (30 Tore)
Trikotfarben: Dunkelblau (Heim), Pink oder Weiß (Auswärts)
Star der Mannschaft: Andy Robertson

Gruppe A

Ungarn

Höchste Niederlage: England 7–1 Ungarn (1954)
Höchster Sieg: Ungarn 10–1 El Salvador (1982, WM)
Bester Torschütze: Ferenc Puskás (84 Tore)
Trikotfarben: Rot (Heim), Grün (Auswärts)
Star der Mannschaft: Dominik Szoboszlai

Schweiz

Höchste Niederlage: Schweiz 0–9 Deutschland (1909) Höchster Sieg: Schweiz 9–0 Litauen (1924)
Bester Torschütze: Alexander Frei (42 Tore)
Trikotfarben: Rot (Heim), Weiß (Auswärts)
Star der Mannschaft: Granit Xhaka

Gruppe A

FR 14.06. München 21:00 UHR	Deutschland		-		Schottland
SA 15.06. Köln 15:00 UHR	Ungarn		-		Schweiz
MI 19.06. Köln 21:00 UHR	Schottland		-		Schweiz
MI 19.06. Stuttgart 18:00 UHR	Deutschland		-		Ungarn
SO 23.06. Frankfurt 21:00 UHR	Schweiz		-		Deutschland
SO 23.06. Stuttgart 21:00 UHR	Schottland		-		Ungarn

Begegnung	Frage	Antwort
Deutschland - Schottland	Wer steht bei Deutschland im Tor?	
Ungarn - Schweiz	Wie heißt der Schiedsrichter ?	
Schottland - Schweiz	Wer hat die Platzwahl gewonnen?	
Deutschland - Ungarn	Wieviele Tore wurden insgesamt erzielt?	
Schweiz - Deutschland	Gab es eine rote Karte?	
Schottland - Ungarn	Wer hat das erste Tor geschossen?	

Gruppe A

   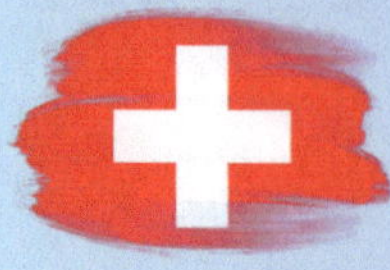

Deutschland	Schottland	Ungarn	Schweiz

Platz	Team	Tore	Gegentore	Punkte

Gruppe B

Spanien

Höchste Niederlage: Italien 7–1 Spanien (1928)
Höchster Sieg: Spanien 13–0 Bulgarien (1933)
Bester Torschütze: David Villa (59 Tore)
Trikotfarben: Rot (Heim), Weiß (Auswärts)
Star der Mannschaft: Sergio Ramos

Kroatien

Höchste Niederlage: England 5–1 Kroatien (2009)
Höchster Sieg: Kroatien 10–0 San Marino (2016) Bester Torschütze: Davor Šuker (45 Tore)
Trikotfarben: Rot-Weiß kariert (Heim), Blau (Auswärts)
Star der Mannschaft: Luka Modrić

Gruppe B

Italien

Höchste Niederlage: Ungarn 7–1 Italien (1924) Höchster Sieg: Italien 9–0 USA (1948)
Bester Torschütze: Luigi Riva (35 Tore)
Trikotfarben: Blau (Heim), Weiß (Auswärts)
Star der Mannschaft: Marco Verratti

Albanien

Höchste Niederlage: Ungarn 12–0 Albanien (1950)
Höchster Sieg: Albanien 5–0 Vietnam (2003),
Bester Torschütze: Erjon Bogdani (18 Tore)
Trikotfarben: Rot (Heim), Weiß (Auswärts)
Star der Mannschaft: Elseid Hysaj

Gruppe B

SA 15.06. Berlin 18:00 UHR	Spanien				Kroatien
SA 15.06. Dortmund 21:00 UHR	Italien		-		Albanien
MI 19.06. Hamburg 15:00 UHR	Kroatien		-		Albanien
DO 20.06. Schalke 21:00 UHR	Spanien		-		Italien
MO 24.06. Düsseldorf 21:00 UHR	Albanien		-		Spanien
MO 24.06. Leipzig 21:00 UHR	Kroatien		-		Italien

Begegnung	**Frage**	**Antwort**
Spanien - Kroatien	Wer hatte die meisten Torschüsse und hat diese Mannschaft auch gewonnen?	
Italien - Albanien	Wieviel Zuschauer sind im Stadion?	
Albanien - Kroatien	Wieviele Spieler haben eine gelbe Karte erhalten?	
Spanien - Italien	Wieviel Nachspielzeit gab es insgesamt? (1. Halbzeit und 2. Halbzeit zusammen)	
Albanien - Spanien	Welche Mannschaft stand häufiger im Abseits?	
Kroatien - Italien	Welche Farben haben die Trikots der beiden Mannschaften?	

Gruppe B

Spanien	**Kroatien**	**Albanien**	**Italien**

Platz	Team	Tore	Gegentore	Punkte

Gruppe C

Slowenien

Höchste Niederlage: Frankreich 5–0 Slowenien (2002) Höchster Sieg: Slowenien 7–0 Oman (1999)
Bester Torschütze: Zlatko Zahovič (35 Tore)
Trikotfarben: Grün (Heim), Weiß (Auswärts)
Star der Mannschaft: Josip Iličić

Dänemark

Höchste Niederlage: Dänemark 0–8 Deutschland (1937)
Höchster Sieg: Dänemark 17–1 Frankreich (1908)
Bester Torschütze: Poul Nielsen, Jon Dahl Tomasson (je 52 Tore)
Trikotfarben: Rot (Heim), Weiß (Auswärts)
Star der Mannschaft: Christian Eriksen

Gruppe C

Serbien

Höchste Niederlage: Tschechoslowakei 7–0 Jugoslawien
Höchster Sieg: Serbien 8–1 Bulgarien (2018)
Bester Torschütze: Aleksandar Mitrović (50 Tore)
Trikotfarben: Rot (Heim), Weiß (Auswärts)
Star der Mannschaft: Dušan Tadić

England

Höchste Niederlage: Ungarn 7–1 England (1954)
Höchster Sieg: England 13–0 Irland (1882)
Bester Torschütze: Wayne Rooney (53 Tore)
Trikotfarben: Weiß (Heim), Rot (Auswärts)
Star der Mannschaft: Harry Kane

Gruppe C

SO 16.06. Stuttgart 18:00 UHR	Slowenien		-		Dänemark
SO 16.06. Schalke 21:00 UHR	Serbien				England
DO 20.06. Franfurt 18:00 UHR	Dänemark		-		England
DO 20.06. München 15:00 UHR	Slowenien		-		Serbien
DI 25.06. Köln 21:00 UHR	England		-		Slowenien
DI 25.06. München 21:00 UHR	Dänemark		-		Serbien

Begegnung	**Frage**	**Antwort**
Slowenien - Dänemark	Mit welcher Formation spielen beide Mannschaften?	
Serbien - England	Welches ist die höchste Rückennummer?	
Dänemark - England	Wie viele Pfostentreffer gab es?	
Slowenien - Serbien	Welche Mannschaft hatte mehr Ballbesitz?	
England - Slowenien	Ist das Stadion ausverkauft?	
Dänemark - Serbien	Wie heißen die Kapitäne der Mannschaften?	

Gruppe C

Slowenien	Dänemark	Serbien	England

Platz	Team	Tore	Gegentore	Punkte

Gruppe D

Niederlande

Höchste Niederlage: England 12–2 Niederlande (1907) Höchster Sieg: Niederlande 11–0 San Marino (2011) Bester Torschütze: Robin van Persie (50 Tore) Trikotfarben: Orange (Heim), Blau (Auswärts) Star der Mannschaft: Virgil van Dijk

Österreich

Höchste Niederlage: Österreich 0–9 Spanien (1999) Höchster Sieg: Österreich 9–0 Malta (1977) Bester Torschütze: Toni Polster (44 Tore) Trikotfarben: Rot (Heim), Weiß (Auswärts) Star der Mannschaft: David Alaba

Gruppe D

Frankreich

Höchste Niederlage: Dänemark 17–1 Frankreich (1908)
Höchster Sieg: Frankreich 10–0 Aserbaidschan (1995)
Bester Torschütze: Thierry Henry (51 Tore)
Trikotfarben: Blau (Heim), Weiß (Auswärts)
Star der Mannschaft: Kylian Mbappé

Sieger aus Wales/Finnland - Polen/Estland

Hmmm, leider weiß ich noch nicht wer sich qualifiziert hat, kannst du mir auf die Sprünge helfen?

....

Gruppe D

SO 16.06. Hamburg 15:00 UHR	Playoff 1A		-	Niederlande
MO 17.06. Düsseldorf 21:00 UHR	Österreich		-	Frankreich
FR 21.06. Berlin 18:00 UHR	Playoff 1A		-	Österreich
FR 21.06. Leipzig 21:00 UHR	Niederlande		-	Frankreich
DI 25.06 Dortmund 18:00 UHR	Frankreich		-	Playoff 1A
DI 25.06. Berlin 18:00 UHR	Niederlande		-	Österreich

Begegnung	Frage	Antwort
Playoff-Sieger A - Niederlande	Wie viele Zuschauer sind im Stadion?	
Österreich - Frankreich	Welche Rückennummern haben beide Kapitäne?	
Playoff-Sieger A - Österreich	Wurde das erste Tor mit dem Kopf oder Fuß erzielt?	
Niederlande - Frankreich	Welche Mannschaft hatte die meisten Torschüsse?	
Frankreich - Playoff-Sieger A	In welchen Farben spielt Frankreich?	
Niederlande - Österreich	Wie viele Spieler haben wegen Meckerns die gelbe Karte bekommen?	

Gruppe D

   ?

Niederlande | Frankreich | Österreich | ....

Platz	Team	Tore	Gegentore	Punkte

Gruppe E

Belgien

Höchste Niederlage: England 11–2 Belgien (1927) Höchster Sieg: Belgien 10–1 San Marino (2001) Bester Torschütze: Romelu Lukaku (68 Tore) Trikotfarben: Rot (Heim), Gelb (Auswärts) Star der Mannschaft: Kevin De Bruyne

Slowakei

Höchste Niederlage: Deutschland 8–0 Slowakei (1939)
Höchster Sieg: Slowakei 7–0 Liechtenstein (2021)
Bester Torschütze: Marek Hamšík (26 Tore)
Trikotfarben: Weiß (Heim), Blau (Auswärts)
Star der Mannschaft: Marek Hamšík

Gruppe E

Rumänien

Höchste Niederlage: Ungarn 13–1 Rumänien (1942)
Höchster Sieg: Rumänien 9–0 Finnland (1973)
Bester Torschütze: Gheorghe Hagi (35 Tore)
Trikotfarben: Gelb (Heim), Rot (Auswärts)
Star der Mannschaft: Nicolae Stanciu

Sieger Bosnien und Herzegowina/Ukraine - Israel/Island

Hmmm, leider weiß ich noch nicht wer sich qualifiziert hat, kannst du mir auf die Sprünge

....

Gruppe E

MO 17.06. Frankfurt 18:00 UHR	Belgien		-		Slowakei
MO 17.06. München 15:00 UHR	Rumänien		-		Playoff 2B
FR 21.06. Düsseldorf 15:00 UHR	Slowakei		-		Playoff 2B
SA 22.06. Köln 21:00 UHR	Belgien		-		Rumänien
MI 26.06. Stuttgart 18:00 UHR	Playoff 2B		-		Belgien
MI 26.06. Frankfurt 18:00 UHR	Slowakei		-		Rumänien

Begegnung	Frage	Antwort
Belgien - Slowakei	Wie viele Pässe wurden insgesamt gespielt?	
Rumänien - Playoff-Sieger B	Wer ist der Spieler des Spiels?	
Slowakei - Playoff-Sieger B	Wie viele gelbe und rote Karten gab es?	
Belgien - Rumänien	Gab es eine Verletzung?	
Playoff-Sieger B - Belgien	Wie viele Tore wurden insgesamt erzielt?	
Slowakei - Rumänien	Welche Farbe hat das Trikot des Schiedsrichters?	

Gruppe E

?

Belgien	Slowakei	Rumänien	....

Platz	Team	Tore	Gegentore	Punkte

Gruppe F

Türkei

Höchste Niederlage: England 8–0 Türkei (1984)
Höchster Sieg: Türkei 7–0 Südkorea (1954)
Bester Torschütze: Hakan Şükür (51 Tore)
Trikotfarben: Rot (Heim), Weiß (Auswärts)
Star der Mannschaft: Hakan Çalhanoğlu

Portugal

Höchste Niederlage: Portugal 0–10 England (1947)
Höchster Sieg: Portugal 8–0 Liechtenstein (1994, 1999) Bester Torschütze: Cristiano Ronaldo (118 Tore) Trikotfarben: Rot (Heim), Grün (Auswärts)
Star der Mannschaft: Cristiano Ronaldo

Gruppe F

Tschechien

Höchste Niederlage: Ungarn 7–1 Tschechoslowakei (1954, als Teil von Tschechoslowakei)
Höchster Sieg: Tschechien 8–1 San Marino (2017)
Bester Torschütze: Jan Koller (55 Tore)
Trikotfarben: Rot (Heim), Weiß (Auswärts)
Star der Mannschaft: Tomáš Souček

Sieger Georgien/Luxemburg - Griechenland/Kasachstan

Hmmm, leider weiß ich noch nicht wer sich qualifiziert hat, kannst du mir auf die Sprünge helfen?

Gruppe F

DI 18.06. Dortmund 18:00 UHR	Türkei		-	Playoff 3C
DI 18.06. Leipzig 21:00 UHR	Portugal		-	Tschechien
SA 22.06. Dortmund 18:00 UHR	Türkei		-	Portugal
SA 22.06. Hamburg 15:00 UHR	Playoff 3C		-	Tschechien
MI 26.06. Hamburg 21:00 UHR	Tschechien		-	Türkei
MI 26.06. Schalke 21:00 UHR	Playoff 3C		-	Portugal

Begegnung	Frage	Antwort
Türkei - Playoff-Sieger C	Wie oft wurde die Latte getroffen?	
Portugal - Tschechien	Wie viele indirekte Freistöße gab es?	
Türkei - Portugal	Gab es ein direktes Freistoßtor?	
Playoff-Sieger C - Tschechien	Wer hat die Platzwahl gewonnen?	
Tschechien - Türkei	Wann kam es zur ersten Auswechselung?	
Playoff-Sieger C - Portugal	Hat ein Spieler zwei oder mehr Tore erzielt?	

Gruppe F

   ?

Türkei	Portugal	Tschechien	....

Platz	Team	Tore	Gegentore	Punkte

Bei der Fußball-Europameisterschaft gibt es eine spannende Regel für Teams, die nach Gruppenphase auf dem dritten Platz in ihrer Gruppe stehen. Nicht alle, aber einige dieser Teams können auch weiterkommen und noch mehr Spiele spielen. Stellt euch das wie in einem großen Abenteuerspiel vor: Selbst wenn ihr nicht ganz vorne seid, habt ihr immer noch eine Chance, weiterzukommen und den Schatz zu finden. Von allen Gruppen, die spielen, dürfen die vier besten Teams, die auf dem dritten Platz stehen, auch ins nächste Level aufsteigen. Um herauszufinden, welche Teams das sind, schaut man, wie gut sie gespielt haben, auch wenn sie nicht die allerersten oder zweiten waren. So bekommen auch Teams, die ein bisschen Pech hatten, eine neue Chance, zu zeigen, was sie können!

Die besten Drittplatzierten

1

2

3

4

5

6

Wer hat es bis ins Achtelfinale geschafft? Trage die vier besten Drittplatzierten ein und die beiden Mannschaften die es nicht geschafft haben!

Von der Gruppenphase zum Finale: Die EM als ultimatives Fußball-Videospiel

Stellt euch vor, die Fußball-Europameisterschaft ist wie ein großes Turnier in einem Videospiel. Zuerst gibt es die "Gruppenphase", wo Teams in kleinen Gruppen gegeneinander spielen. Jedes Team spielt gegen jedes andere in seiner Gruppe, fast wie in einer Mini-Liga. Nach der Gruppenphase kommt das "Achtelfinale". Das ist, als ob ihr im Videospiel das nächste Level erreicht. Die besten Teams aus der Gruppenphase (die Gewinner und manchmal auch die Zweitbesten) kommen hierher. Jetzt spielen die Teams in direkten Duellen gegeneinander – wenn du gewinnst, kommst du weiter; wenn du verlierst, bist du raus. Es ist wie ein plötzliches "Game Over" im Videospiel, wenn man verliert. Wenn die Teams das Achtelfinale gewinnen, kommen sie ins "Viertelfinale". Denkt an das Viertelfinale wie an eine noch schwierigere Stufe im Spiel, wo nur noch acht Teams übrig sind. Gewinnen sie wieder, erreichen sie das "Halbfinale". Das ist fast wie das vorletzte Level im Videospiel, wo nur noch vier Teams kämpfen. Es wird immer spannender, weil das Finale ganz nah ist. Und dann, für die zwei Teams, die alles gewonnen haben und bis zum Schluss durchgehalten haben, kommt das "Finale". Das ist wie das Endlevel im Videospiel, wo der große Boss wartet. Im Finale spielen diese zwei Teams gegeneinander, und der Gewinner wird zum Champion der Europameisterschaft. Es ist wie der große Sieg im Videospiel, wo man alle Herausforderungen gemeistert hat und am Ende der Held ist.

So geht die Fußball-Europameisterschaft von der Gruppenphase bis zum Finale. Jedes Spiel ist wichtig, weil du immer ein Level weiterkommen willst, bis du das Endspiel erreichst und die Chance hast, der Champion zu sein!

Ich habe dir ein paar Fragen mitgebracht, weißt du die Antworten? Wenn nicht, ist das nicht schlimm. Frag doch mal deine Freunde, Eltern oder Geschwister.

Weißt du was passiert, wenn ein Spiel im Achtelfinale unentschieden endet?

....

Kannst du das Geheimnis lüften, warum das Viertelfinale oft als die entscheidende Phase angesehen wird?

....

Wir stehen jetzt vor dem Schloss des Halbfinales, aber wie viele Teams dürfen eintreten?

....

Lustig, oder?

Im Achtelfinale gibt es 16 Teams, das ist so, als ob 16 verschiedene Länder zu einer riesigen Fußball-Geburtstagsfeier eingeladen sind!

Im Viertelfinale sind nur noch 8 Teams übrig, das ist, als würden alle Superhelden in einem Zimmer zusammenkommen!

Das Halbfinale ist wie das vorletzte Stück Schokolade in der Box – jeder will es, aber nur zwei dürfen es haben!"

Achtelfinale 3
30.06.2024 | 18:00 Uhr
Köln
1. Gruppe B — 3. ADEF

Achtelfinale 1
29.06.2024 | 18:00 Uhr
Dortmund
1. Gruppe A — 2. Gruppe C

Achtelfinale 5
01.07.2024 | 18:00 Uhr
Frankfurt
1. Gruppe F — 3. ABC

Achtelfinale 6
01.07.2024 | 18:00 Uhr
Düsseldorf
2. Gruppe D — 2. Gruppe E

Viertelfinale 1
05.07.2024 | 18:00 Uhr
Stuttgart
Sieger AF 3 — Sieger AF 1

Viertelfinale 2
05.07.2024 | 21:00 Uhr
Hamburg
Sieger AF 5 — Sieger AF 6

Halbfinale 1
09.07.2024 | 21:00 Uhr
München
Sieger VF 1 — Sieger VF 2

14.07.2024 21:00 Uhr
Berlin

Finale
Sieger HF 1 — Sieger HF 2

Hier, für dich ein Plan zum eintragen und mitfiebern!

Halbfinale 2
10.07.2024 | 21:00
Uhr Dortmund
Sieger VF 3 — Sieger VF 4

Viertelfinale 3
06.07.2024 | 18:00 Uhr
Berlin
Sieger AF 7 — Sieger AF 8

Viertelfinale 4
06.07.2024 | 21:00 Uhr
Düsseldorf
Sieger AF 4 — Sieger AF 2

Achtelfinale 7
02.07.2024 | 18:00 Uhr
München
1. Gruppe E — 3. ABCD

Achtelfinale 8
02.07.2024 | 21:00 Uhr
Leipzig
1. Gruppe D — 2. Gruppe F

Achtelfinale 4
30.06.2024 | 21:00 Uhr
Gelsenkirchen
1. Gruppe C — 3.DEF

Achtelfinale 2
29.06.2024 | 21:00 Uhr
Berlin
2. Gruppe A — 2. Gruppe B

Das große Finale - Der Höhepunkt der Europameisterschaft

Hallo, Fußballstars von morgen!

Stellt euch vor, ihr seid auf einer langen, spannenden Reise voller Herausforderungen, Siege und unvergesslicher Momente. Ihr habt Berge erklommen, durch tiefe Täler navigiert und seid nun einen Schritt davon entfernt, den Gipfel zu erreichen. Genau so fühlt sich das große Finale der Fußball-Europameisterschaft an – es ist der ultimative Höhepunkt, das Spiel aller Spiele, das Endspiel, das die Herzen der Fans weltweit schneller schlagen lässt.

Warum ist das Finale so besonders?

Die Augen der Welt sind darauf gerichtet: Millionen von Menschen rund um den Globus sitzen vor ihren Fernsehern, in Bars oder im Stadion, um zu sehen, welches Team den begehrten Pokal nach Hause bringt. Es ist das Fußballevent, bei dem sich zeigt, wer die stärksten Nerven und das größte Herz hat.

Eine Geschichte von Helden und Legenden: Im Finale werden Helden geboren. Spieler, die in diesen entscheidenden Momenten über sich hinauswachsen, können mit einer einzigen Aktion zu Legenden werden. Denkt an das Tor von Eder für Portugal im Finale 2016 – solche Momente bleiben für immer in Erinnerung.

Die Atmosphäre: Die Stimmung im Stadion während eines Finales ist elektrisierend. Jeder Jubel, jeder Seufzer der Enttäuschung trägt zur unglaublichen Atmosphäre bei, die nur ein Endspiel erzeugen kann. Es ist, als ob die ganze Welt den Atem anhält.

Die Atmosphäre im Stadion beim Finale ist elektrisierend. Es ist, als ob jeder Atemzug, jeder Jubel und jeder Seufzer in der Luft vibriert, ein einziges großes Herzschlag für den Fußball."

Der Kampf um Ehre und Ruhm: Das Finale ist nicht nur ein Kampf um den Sieg, sondern auch um Ehre und Ruhm. Der Gewinn der Europameisterschaft verewigt das siegreiche Team in den Geschichtsbüchern des Fußballs. Es ist die Chance, ein Teil von etwas zu sein, das größer ist als das Spiel selbst. Emotionen pur: Freude, Tränen, Spannung und Enttäuschung – im Finale erlebt man die ganze Bandbreite menschlicher Emotionen. Für die Spieler und Fans ist es ein Wechselbad der Gefühle, das sie für den Rest ihres Lebens nicht vergessen werden.

**"Das Finale ist ein Wirbelwind der Emotionen. Freude,
Tränen, Spannung – es ist eine Achterbahnfahrt, die niemand vergessen wird."**

Ein Fest des Fußballs: Über alles hinaus ist das Finale eine Feier des Fußballs selbst. Es zeigt die Schönheit des Spiels, den Geist des Wettbewerbs und die Verbindung, die Menschen über Grenzen hinweg schafft.

Der Weg zum Finale

Um das Finale zu erreichen, müssen Teams Hürden überwinden, Rückschläge verkraften und Siege feiern. Jedes Spiel auf diesem Weg ist ein Baustein für die finale Begegnung. Und wenn der Schiedsrichter das Finale anpfeift, beginnt nicht nur ein Fußballspiel, sondern ein Kampf um die Krone Europas.

"Der Weg zum Finale ist eine Reise voller Herausforderungen und Triumphe. Jedes Spiel, jeder Sieg bringt euch näher an den ultimativen Traum."

Stellt euch vor, ihr wärt dort, im Stadion, umgeben von Tausenden von Fans, oder zu Hause, gespannt auf das, was passieren wird. Das ist die Magie des großen Finales der Europameisterschaft – ein Ereignis, das die Welt vereint, Träume wahr werden lässt und uns daran erinnert, warum wir den Fußball so sehr lieben. Seid bereit, Zeuge zu werden, wie Geschichte geschrieben wird. Wer wird triumphieren? Wer wird zu Tränen gerührt sein? Eines ist sicher: Das große Finale ist ein Erlebnis, das niemand verpassen möchte.

"Was ist für euch das Schönste am Fußball?"

A) Die Gemeinschaft

B) Die Möglichkeit, zu träumen

C) Die Freude am Spiel

Wer war der beste Spieler der EM?

Wieviele Tore sind gefallen?

Wieviele gelbe Karten gab es?

Wieviele rote Karten gab es?

Welcher Spieler hat die meisten Tore erzielt?

Wer hat die EM gewonnen?

EM-Quizzeit - Teste dein Wissen über die Europameisterschaft

Seid ihr bereit, euer Wissen über die Europameisterschaft auf die Probe zu stellen? Hier sind einige knifflige Fragen, die euch herausfordern werden. Schnappt euch ein Blatt Papier und einen Stift, und lasst uns sehen, wie viel ihr wirklich über die EM wisst!

Einige Antworten findest du hier im Buch. Solltest du bei einer Frage nicht weiterkommen, kannst du deine Eltern oder Freunde fragen. Weiß keiner die richtige Antwort, kannst du die Lösung auch hinten im Buch nachschlagen. Mach dich gerne auf die Suche... aber bitte nicht schummeln :-)

1: Wer hat die Europameisterschaft 2016 gewonnen?

a) Deutschland b) Frankreich c) Italien d) Spanien

2: Welches Land hat die EM am häufigsten gewonnen?

a) Deutschland b) Frankreich c) Portugal d) Spanien

3: In welchem Jahr fand die erste Fußball-Europameisterschaft statt?

a) 1958 b) 1960 c) 1962 d) 1964

4: Wer ist der Rekordtorschütze der Europameisterschaften?

a) Christiano Ronaldo b) Michel Platini c) Wayne Rooney
d) Thierry Henry

5: Welches Land war der überraschende Gewinner der EM 2004?

a) Rumänien b) Schottland c) Griechenland d) Schweiz

6: Wie heißt der Pokal, der Europameisterschaft?

a) FIFA-Pokal b) Henri-Delaunay-Pokal c) UEFA-Pokal
d) Champions League-Pokal

7: Welches Land war Gastgeber der EM 2020 (2021)?

a) Ganz Europa b) Frankreich c) Deutschland d) Spanien

8: Wer erzielte den berühmten "Panenka"-Elfmeter im Finale der EM 1976?

a) Franz Beckenbauer b) Antonín Panenka c) Johan Cruyff
d) Gerd Müller

9: Wie viele Teams nehmen an der EM teil?

a) 16 b) 24 c) 26 d) 32

10: Welches Team gewann die EM 1988?

a) Niederlande b) Spanien c) England d) Deutschland

11: Wer wurde zum besten Spieler der EM 2016 gewählt?

a) Cristiano Ronaldo b) Antoine Griezmann c) Gareth Bale d) Pepe

12: In welchem Land fand die EM 1996 statt?

a) Deutschland b) Frankreich c) Italien d) England

13: Welcher Spieler erzielte bei der EM 2012 die meisten Tore?

a) Mario Gomez b) Cristiano Ronaldo c) Fernando Torres
d) Mario Balotelli

14: Welche zwei Länder waren Gastgeber der EM 2000?

a) Belgien und Niederlande b) Österreich und Schweiz
c) Polen und Ukraine d) Frankreich und Deutschland

15: Welches Land gewann seine erste EM im Jahr 1976?

a) Belgien b) Spanien c) Griechenland d) Tschechoslowakei

16: Wer war der jüngste Spieler, der bei einer EM ein Tor erzielte?

a) Wayne Rooney b) Renato Sanches c) Marcus Rashford
d) Johan Vonlanthen

17: Wer ist der älteste Spieler, der bei einer EM teilgenommen hat?

a) Lothar Matthäus b) Peter Shilton c) Gábor Király
d) Edwin van der Sar

18: Wie viele Mannschaften nahmen an der ersten EM teil?

a) 4 b) 8 c) 16 d) 24

19: Welches Land war 1992 ein überraschender Gewinner der EM?

a) Dänemark b) Polen c) Griechenland d) Schweden

20: Welches Team schlug England im Halbfinale der EM 1996 im Elfmeterschießen?

a) Italien b) Spanien c) Frankreich d) Deutschland

20 Lustige und kuriose Fakten:

Der wandernde Pokal: Der Henri-Delaunay-Pokal, den die Gewinner der EM bekommen, ist nach dem ersten Generalsekretär der UEFA benannt. Stellt euch vor, dieser Pokal könnte sprechen! Er würde Geschichten aus ganz Europa erzählen, denn er reist von Sieger zu Sieger.

Die Farbenflut: Wusstet ihr, dass bei der EM 2016 Island dabei war und ihre Fans den "Viking Clap" berühmt gemacht haben? Stellt euch ein ganzes Stadion vor, das klatscht und ruft wie echte Wikinger!

Die Rekordjäger: Der Portugiese Cristiano Ronaldo ist nicht nur ein Star auf dem Feld, sondern auch ein echter Rekordjäger bei der EM. Er hat in vier verschiedenen EM-Turnieren Tore geschossen – als wäre er auf einer Schatzsuche nach Toren!

Das Spiel der Namen: Bei der EM 2004 gewann Griechenland überraschend den Titel. Ihr Trainer hieß Otto Rehhagel – ein Deutscher, der als "König Otto" in Griechenland gefeiert wurde. Eine echte Geschichte von einem Fußball-"König" ohne Krone!

Der unsichtbare Spieler: Bei der EM gibt es immer einen Spieler, den niemand auf dem Feld sieht – das Maskottchen! Jedes Turnier hat sein eigenes Maskottchen, das Spiele besucht, ohne je müde zu werden. Von einem Huhn bis zu einem Superhelden, sie haben schon alle Formen angenommen!

Tore, Tore, Tore: Bei der EM 1976 gewann die Tschechoslowakei das Finale mit einem "Panenka" - einem ganz besonderen Elfmeter, bei dem der Ball ganz frech in die Mitte des Tores geschossen wird, während der Torwart sich für eine Ecke entscheidet. Seitdem versuchen Spieler aus aller Welt, diesen Trick nachzumachen.

Die magische Zahl 9: Der Franzose Michel Platini schoss bei der EM 1984 in Frankreich neun Tore – das sind die meisten Tore, die je ein Spieler bei einem einzelnen EM-Turnier erzielt hat. Stellt euch vor, ihr würdet bei einem Turnier jeden Tag ein Tor schießen!

Der EM-Marathon: Die EM 2020 war so besonders, dass sie in ganz Europa gespielt wurde, von Spanien bis nach Aserbaidschan. Es war, als würde die EM auf einen großen Europatrip gehen!

Die Sprachverwirrer: Bei der EM treffen Teams aus vielen verschiedenen Ländern aufeinander, die alle verschiedene Sprachen sprechen. Manchmal benutzen die Spieler und Trainer sogar Geheimsprachen auf dem Feld, damit die Gegner ihre Pläne nicht verstehen.

Die Zeitreisenden: Die EM 2020 fand eigentlich im Jahr 2021 statt. Warum? Weil sie verschoben werden musste! Das ist, als ob man eine Zeitmaschine hätte und ein Fußballturnier in die Zukunft verschieben könnte.

Die Party ohne Gastgeber: Stellt euch eine Party vor, zu der jeder eingeladen ist, aber niemand die Einladungen verschickt hat. So war es bei der EM 2020 (gespielt in 2021), denn sie hatte keinen einzelnen Gastgeber, sondern Spiele fanden in 11 verschiedenen Ländern statt. Eine Fußballparty in ganz Europa!

Das Geisterspiel: Manchmal spielen Teams in riesigen Stadien, aber ohne Zuschauer. Das ist, als würde man im eigenen Garten Fußball spielen und sich vorstellen, Tausende würden jubeln. So war es bei einigen Spielen wegen strenger Regeln zur Gesundheitssicherheit.

Die ungewollte Dusche: Bei Siegesfeiern spritzen Spieler oft mit riesigen Champagnerflaschen herum. Manchmal erwischt es auch die Trainer in ihren schicken Anzügen. Eine feuchtfröhliche Art zu feiern!

Der Rekord, den keiner wollte: Bei der EM gibt es nicht nur Tore zu feiern, sondern auch Karten vom Schiedsrichter – gelbe und rote. Der Rekord für die meisten gelben Karten in einem Spiel liegt bei 16! Das ist, als würde der Schiedsrichter eine eigene Kartensammlung starten.

Fußball auf Reisen: Während der EM reisen die Teams quer durch Europa, manchmal Tausende von Kilometern. Das ist, als würde man eine Europatour machen, aber statt Fotos zu schießen, spielt man Fußball.

Die singenden Fans: Fußballfans singen und tanzen gerne, um ihre Teams zu unterstützen. Einige Lieder sind so berühmt, dass sogar Menschen, die nicht Fußball schauen, sie mitsingen können. Es ist wie ein riesiges Konzert, aber mit Fußbällen!

Die Zauberschuhe: Manche Spieler haben spezielle Schuhe, die sie nur bei wichtigen Spielen tragen, fast als wären es ihre Glücksbringer. Stellt euch vor, eure Sportschuhe könnten euch helfen, beim Sportunterricht die schnellsten Runden zu drehen!

Der wandernde Schiedsrichter: Schiedsrichter bei der EM kommen aus verschiedenen Ländern und müssen oft genauso weit reisen wie die Teams. Sie müssen fit sein, denn sie laufen in jedem Spiel viele Kilometer – fast wie ein Marathon!

Die Verwandlungskünstler: Einige Fußballfelder können sich verwandeln und haben Untergrundheizungen, damit der Rasen auch im Winter grün bleibt. Es ist, als hätte das Spielfeld seine eigene Zaubermatte.

Das Maskottchen-Rätsel: Jede EM hat ein eigenes Maskottchen, aber manchmal sehen diese so witzig und ungewöhnlich aus, dass die Fans raten müssen, was es darstellen soll. Ein echtes Rätsel auf zwei Beinen!

Nach dem Schlusspfiff - Das Leben nach der EM

Nun ist das große Finale der Europameisterschaft vorbei. Der Sieger steht fest, der Pokal wurde in die Höhe gehoben, und die Fans jubeln. Aber was passiert eigentlich, wenn der ganze Trubel vorbei ist, die Stadien leer werden und die Spieler nach Hause zurückkehren? Lasst uns einen Blick darauf werfen, was nach dem Schlusspfiff der EM geschieht.

1. Die Siegesfeier

Für das Gewinnerteam beginnt die Feier direkt nach dem Schlusspfiff. Es gibt Konfetti, Gesänge und eine Menge Emotionen. Die Spieler machen Ehrenrunden, um sich bei den Fans zu bedanken, und die Siegerehrung findet statt, bei der jeder Spieler seine Medaille erhält. Und natürlich wird der Pokal dem Kapitän übergeben, ein Moment, den jeder Fußballer träumt zu erleben.

"Stellt euch vor, ihr haltet den Pokal hoch, umgeben von Konfetti und Jubel! Es ist der Traum eines jeden Fußballers, und für die Gewinner wird dieser Traum wahr."

2. Empfang in der Heimat

Wenn die Spieler in ihre Heimatländer zurückkehren, werden sie oft wie Helden empfangen. Es gibt Empfänge, Paraden und manchmal sogar dürfen sie die Staats- und Regierungschefs treffen. Diese Feierlichkeiten sind eine Möglichkeit für die Fans, ihre Anerkennung für die harte Arbeit und den Erfolg der Mannschaft zu zeigen.

3. Urlaub und Erholung

Nach einer langen und anstrengenden Saison und dem zusätzlichen Druck eines großen Turniers wie der EM brauchen die Spieler eine wohlverdiente Pause. Viele nehmen sich Zeit für Urlaub, um mit Familie und Freunden zu entspannen und die Batterien für die nächste Saison aufzuladen.

4. Vorbereitung auf die neue Saison

Aber die Ruhepause ist oft kurz. Bald beginnt die Vorbereitung auf die neue Saison mit ihren eigenen Herausforderungen. Die Spieler kehren zu ihren Vereinen zurück, beginnen mit dem Training und den Vorbereitungsspielen, um sich fit zu halten und sich auf die kommenden Wettbewerbe einzustellen.

"Wie bereitet ihr euch auf neue Herausforderungen vor?
A) Mit extra Training
B) Indem ihr von den Besten lernt
C) Durch Meditation und mentale Vorbereitung

5. Rückblick und Analyse

Während die Spieler und Fans feiern bzw. sich erholen, nehmen Trainer, Analysten und Journalisten die EM unter die Lupe. Sie analysieren Spiele, Taktiken und Leistungen, um daraus zu lernen und Strategien für die Zukunft zu entwickeln.

6. Inspiration für die nächste Generation

Vielleicht das Wichtigste, was nach der EM passiert, ist die Inspiration, die sie jungen Spielern wie euch bietet. Viele von euch werden motiviert sein, noch härter zu trainieren, um vielleicht eines Tages selbst auf diesem Niveau zu spielen.

"Ihr seid die Zukunft des Fußballs! Jedes Spiel, jeder Spieler hat die Kraft, euch zu inspirieren, eure Träume zu verfolgen."

Die wichtigsten Fußballbegriffe auf einen Blick:

Nr.	Begriff	Erklärung
1	Abseits	Wenn ein Spieler näher am gegnerischen Tor ist als der Ball und der letzte Verteidiger, ohne dass der Ball auf ihn gespielt wurde, ist das nicht erlaubt.
2	Anstoß	Der Beginn des Spiels oder der Wiederbeginn nach einem Tor, ausgeführt in der Mitte des Spielfelds.
3	Auswechslung	Wenn ein Spieler das Spielfeld verlässt und ein anderer Spieler für ihn ins Spiel kommt.
4	Eckball	Wird gegeben, wenn der Ball die Torlinie überquert, aber nicht im Tor ist, und zuletzt von einem Verteidiger berührt wurde.
5	Elfmeter	Ein direkter Schuss aufs Tor vom Elfmeterpunkt, gegeben nach einem Foul im Strafraum.
6	Freistoß	Ein Schuss, der nach einem Foul gegeben wird, bei dem die gegnerische Mannschaft Abstand halten muss.
7	Gelbe/Rote Karte	Gelb ist eine Verwarnung, Rot bedeutet, dass ein Spieler das Spiel verlassen muss.
8	Hattrick	Wenn ein Spieler drei Tore in einem Spiel schießt.
9	Kopfball	Den Ball mit dem Kopf spielen.
10	Lupfer	Ein geschickter Schuss, bei dem der Ball über den Torwart ins Tor gehoben wird.
11	Mittelfeld	Die Mitte des Spielfelds, wo viele Pässe und Spielaktionen stattfinden.
12	Nachspielzeit	Zusätzliche Minuten am Ende einer Halbzeit, um verlorene Spielzeit auszugleichen.
13	Offensiv	Spielweise, die auf Angriff und Tore schießen ausgerichtet ist.
14	Pass	Den Ball zu einem Mitspieler spielen.
15	Schiedsrichter	Die Person, die das Spiel leitet und die Regeln überwacht.
16	Strafraum	Ein markierter Bereich vor dem Tor, innerhalb dessen der Torwart den Ball mit den Händen berühren darf.
17	Tackling	Versuch, einem Gegenspieler den Ball abzunehmen.
18	Torlinie	Die Linie zwischen den Torpfosten und unter der Querlatte, über die der Ball gehen muss, um ein Tor zu erzielen.
19	Verlängerung	Zusätzliche Spielzeit, um einen Gewinner zu ermitteln, wenn ein Spiel unentschieden endet.
20	Verteidigung	Spielweise, die darauf ausgerichtet ist, zu verhindern, dass die gegnerische Mannschaft ein Tor erzielt.
21	Flanke	Ein langer Pass von der Seite des Spielfelds in Richtung Tor.
22	Dribbling	Mit dem Ball am Fuß laufen und dabei Gegenspieler umspielen.
23	Ecke	Ein anderer Ausdruck für Eckball.
24	Finte	Eine Täuschung, um einen Gegenspieler auszutricksen.
25	Heber	Ein anderer Ausdruck für Lupfer.

26	Linienrichter	Helfen dem Schiedsrichter, indem sie vor allem Abseits und Aus entscheiden.
27	Pfosten	Die vertikalen Teile des Tores.
28	Querlatte	Der horizontale Teil des Tores oben zwischen den Pfosten.
29	Rückpass	Ein Pass zurück zu einem eigenen Spieler, oft zum Torwart.
30	Schuss	Ein Versuch, den Ball ins Tor zu befördern.
31	Torwart	Der Spieler, dessen Hauptaufgabe es ist, das Tor zu verteidigen.
32	Einwurf	Wiederinspielbringen des Balls mit den Händen von der Seitenlinie.
33	Spielführer	Der Kapitän des Teams, erkennbar an einer besonderen Armbinde.
34	Stürmer	Spieler, deren Hauptaufgabe es ist, Tore zu schießen.
35	Unterbrechung	Eine Pause im Spiel wegen eines Foulspiels, Ausballs oder einer Verletzung.
36	Volley	Den Ball direkt aus der Luft schießen.
37	Zweikampf	Ein direktes Duell zwischen zwei Spielern um den Ball.
38	Eckenverhältnis	Die Anzahl der Eckbälle, die jedes Team während eines Spiels hat.
39	Ausdribbeln	Mit dem Ball am Fuß vorbei an einem Gegner spielen.
40	Seitfallzieher	Ein spektakulärer Schuss, bei dem der Spieler in der Luft liegt.
41	Torlinientechnologie	Technik, die hilft zu entscheiden, ob der Ball die Torlinie überquert hat.
42	VAR (Videoassistent)	Technologie, die dem Schiedsrichter hilft, Entscheidungen zu überprüfen.
43	Pressing	Hoher Druck auf den Gegner, um den Ball zurückzugewinnen.
44	Manndeckung	Ein Spieler hat die Aufgabe, einen bestimmten Gegenspieler zu bewachen.
45	Raumdeckung	Die Spieler decken Bereiche ab statt einzelne Gegner.
46	Spielaufbau	Der Versuch, durch geplante Aktionen vom eigenen Tor weg zum gegnerischen Tor zu kommen.
47	Konter	Ein schneller Angriff, der gestartet wird, sobald der Ball vom Gegner zurückerobert wurde.
48	Übersteiger	Eine Finte, bei der der Spieler so tut, als würde er den Ball mit dem einen Fuß spielen, ihn aber stattdessen mit dem anderen nimmt.
49	Flugkopfball	Ein Kopfball, bei dem der Spieler springt, um den Ball zu treffen.
50	Hackentrick	Den Ball mit der Ferse zu einem Mitspieler spielen oder aufs Tor schießen.

Dein Abenteuer mit dem Fußball hat gerade erst begonnen!

Hey, junge Fußballstars und Entdecker! Ich, Goalie, dein treuer Begleiter durch diese aufregende Reise der Fußball-Europameisterschaft, hoffe, dass du jede Seite, jedes Kapitel und jedes Rätsel genauso geliebt hast wie ich. Wir haben zusammen gelacht, gelernt und geträumt. Jetzt, da unser Abenteuer sich dem Ende neigt, habe ich eine kleine Bitte an dich.

Kannst du uns helfen, die Magie weiterzugeben?

Wenn dieses Buch dein Herz schneller schlagen ließ, deine Träume von Toren und Triumphen beflügelte oder dich einfach nur zum Lächeln brachte, würden wir uns über eine Rezension von dir freuen! Deine Gedanken und Gefühle sind nicht nur für uns wertvoll, sondern auch für andere junge Fußballfans, die sich auf ihre eigene Entdeckungsreise begeben wollen.

So kannst du eine Rezension hinterlassen:

Scanne diesen Code mit deinem Smartphone
oder gehe auf www.amazon.de/ryp

Antworten Quiz

1. B) Portugal
2. B) Spanien
3. B) 1960
4. A) Cristiano Ronaldo
5. C) Griechenland
6. B) Henri-Delaunay-Pokal
7. A) Ganz Europa
8. B) Antonín Panenka
9. C) 24
10. A) Niederlande
11. B) Antoine Griezmann
12. D) England
13. C) Fernando Torres
14. A) Niederlande und Belgien
15. D) Tschechoslowakei
16. D) Johan Vonlanthen
17. C) Gábor Király
18. A) 4
19. A) Dänemark
20. D) Deutschland

Pioneer Publishing wird vertreten durch:

Daniel Huuss

Baukhorst 7

38542 Leiferde

E-Mail: pioneer.publishing@mail.de

"Wir sehen uns auf dem Fußballplatz!"